Mariele und Katrin Diekhof

Ritsche-Ratsche Fliegenklatsche!

52 zauberhafte Spielideen
mit Sachen, die es in jeder Kita gibt

Mariele und Katrin Diekhof

RITSCHE-RATSCHE FLIEGENKLATSCHE!

52 zauberhafte Spielideen mit Sachen, die es in jeder Kita gibt

vml verlag modernes lernen

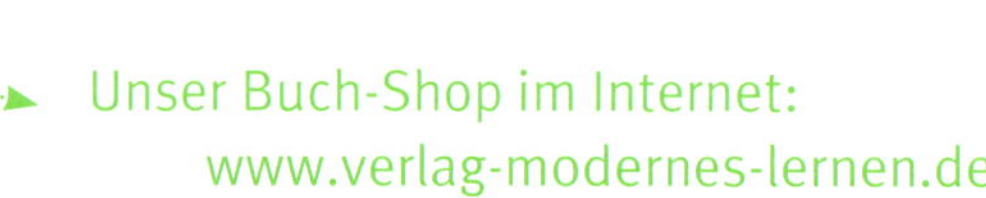

Unser Buch-Shop im Internet:
www.verlag-modernes-lernen.de

Veröffentlicht in der Edition:
verlag modernes lernen Borgmann GmbH & Co. KG
Schleefstraße 14 · D-44287 Dortmund

Gesamtherstellung in Deutschland: Löer Druck GmbH, Dortmund
Illustrationen und Layout: Katrin Diekhof, Berlin

Bestell-Nr. 1320 ISBN 978-3-8080-0888-1

INHALT

SEITE

„Unsere Aufgabe besteht nicht darin,
Kinder zu belehren,
sondern sie zu verzaubern.
Komm, lass uns spielen!
Im Spielen liegt der größte Zauber."

Mariele Diekhof

VORWORT

Kinder lieben es in ihre kleinen Welten abzutauchen, sich im Spiel zu vergessen. Sie spielen und lernen aus eigenem Antrieb und wissen genau, was sie für ihre Entwicklung gerade brauchen. Wie sagte schon der Pädagoge Friedrich Fröbel vor etwa 200 Jahren: *„Die Quelle alles Guten liegt im Spiel."*

Das Spielen ist quasi ein Grundbedürfnis der Kinder und ihre Haupttätigkeit. Unsere Aufgabe ist es, den Kindern in der Kita drinnen wie draußen ein spannendes Entdeckungsfeld zu bieten, das sie mit Freude und Neugier erobern können. Und dabei entscheidet das Kind ganz individuell, ob es gerade Bewegung benötigt, dem Forscherdrang nachgehen möchte, oder die Stille sucht.

Neben dem wilden freien Spiel lieben Kinder es jedoch ebenso sehr, wenn wir Erwachsene uns Zeit für sie nehmen. Wenn gemeinsam gespielt, gealbert und gelacht wird. Diese Momente machen glücklich, stärken das Kind, machen schlau und schenken ihm Geborgenheit und innere Wärme. Auch uns Erwachsenen tut das selbstvergessene Spielen mit den Kindern unendlich gut. Es stärkt die Beziehung, die Empathie wächst, wir fühlen uns wohl und das Kind in uns erwacht. Ist das nicht wunderbar? Wir sollten alle viel mehr miteinander spielen, die Zeit vergessen und dabei die Welt mit den Augen der Kinder neu entdecken und spüren. In der Kita, aber gegebenenfalls auch zuhause mit den eigenen Kindern und Enkeln.

Spielst du mit mir? Diesen Satz hören wir nahezu jeden Tag. Damit das spontane Spielen jetzt noch interessanter und spannender wird, gibt es nun dieses schöne Buch voller Inspirationen und Anregungen.

Auf 52 Seiten werden die interessantesten Spielideen anschaulich mit zauberhaften Bildern und kurzen Texten vorgestellt.

Wir wünschen viel Freude

Wir versprechen jede Menge Spaß und fröhliche Ausgelassenheit, aber auch stille und entspannte Momente mit den Kindern. Unseren vierjährigen Lennart und seinen Freund Kasimir – beide hauptberufliche Spieletester – konnten wir mit unseren Ideen überzeugen. Kasimirs Favorit ist eindeutig das „Farben naschen", wobei Lennart am liebsten mit einer Fliegenklatsche gefaltete Papierschiffe durch die Flure zum Leuchtturm wedelt.

Wir beide können uns nun entspannt zurücklehnen, unser zweites gemeinsames Buch-Projekt bei unserem verlag modernes lernen ist nun beendet, und wir sind sehr glücklich darüber. Dennoch werden wir unsere intensive Zusammenarbeit sicherlich auch vermissen. In den letzten Wochen gab es neben all der Arbeit auch viel zu lachen. Fast täglich wurde telefoniert und an einzelnen Ideen gefeilt, Skizzen verfeinert und Texte neu formuliert.

Die schönsten Rückmeldungen bekommen wir gerade von unseren kleinen Spieletestern, die weitere Ideen ausprobieren wollen, obwohl das Buch nun geschrieben ist. Bald werden wir das erste Exemplar in den Händen halten und dann werden die beiden wohl die ersten Kinder sein, die das Buch aufklappen.

Auch euch und allen Kindern wünschen wir viel Freude beim Spielen.

Katrin und Mariele Diekhof

KOMM, LASS UNS SPIELEN

52 Spielideen mit Sachen, die es in jeder Kita gibt

Das Kind schlägt wahllos eine Seite des Buches auf und los geht's. Das Besondere: Alles, was zum spontanen Spielen in der Kita, aber auch zuhause benötigt wird, gibt jeder Haushalt, jede Kitaküche her. Zum Einsatz kommen Kochlöffel, Fliegenklatschen, Gummiringe, Küchentücher und vieles mehr.

SACHEN ZUM SPIELEN - STATT SPIELSACHEN

All diese Dinge findet ihr bestimmt in der Kita:

Dosen, Schüsseln, Besteck, Puddingschälchen, Teller, Geschirrtücher, Fliegenklatschen, Eierkartons, Schnur, Würstchenzange, Küchensieb, Rührlöffel, Schneebesen, Gummiringe, getrocknete Bohnen, Schuhe, Zeitungspapier, Würfel, Tablett, leere Flasche, Wäscheklammern, Kochtöpfe, Zahnstocher, Wattestäbchen, Korken, Putzlappen, Eieruhr, Stifte, Papier, Strohhalme, Klebeband, Tuch zum Augenverbinden u.v.m.

Unbedingt mit den Kindern sammeln:

Verschlusskappen von Milch- und Getränkekartons, Kronkorken, Marmeladenglasdeckel, Weinkorken und Eierkartons.

*„Wenn man genügend spielt,
solange man klein ist,
trägt man Schätze mit sich herum,
aus denen man später sein ganzes
Leben lang schöpfen kann."*

Astrid Lindgren

AHOI – SCHIFFE FLITZEN DURCH DEN FLUR

DAS BRAUCHT IHR:

- Zeitungspapier, Malpapier
- Fliegenklatschen
- Strohhalme
- Einen roten Bauklotz

DAS SPIEL:

Faltet aus altem Zeitungspapier und Malpapier verschiedene kleine und größere Segelschiffchen. Bei diesem Spiel geht es darum, die gefalteten Schiffchen mit „erzeugtem Wind" über eine zuvor festgelegte Strecke (z. B. durch einen langen Flur) zu bewegen. Der rote Bauklotz symbolisiert den Leuchtturm. Dort fahren die Schiffe in den Hafen. Mit der wedelnden Fliegenklatsche könnt ihr ordentlich Wind erzeugen. Allerdings benötigt ihr zum Wedeln etwas Geschicklichkeit. Wie lange brauchen die Schiffe? Lassen sie sich mit Strohhalm-Wind oder durch Pusten noch schneller vorwärst treiben? **Variante:** Wir gestalten ein Parcours, so müssen die Schiffe Hindernisse umschiffen. Wenn euch der Ehrgeiz gepackt hat, dann können auch die Zeiten gemessen werden.

DAS WIRD GEFÖRDERT:

Feinmotorik, Ausdauer, Vorstellungskraft, Phantasie, Konzentration, Zeitempfinden, Experimentierfreude, naturwissenschaftliche Grundkenntnisse, Gemeinschaftsgefühl

LUSTIGE TRAUBENERNTE

DAS SPIEL:

Stellt eine Schüssel voll mit frischem Wasser auf den Tisch und gebt alle zuvor gewaschenen Weintrauben hinein. Neben der Wanne liegt eine Würstchenzange. Nun wird abwechselnd gewürfelt. Bei einer 6 darf man mit der Würstchenzange eine Traube ernten und genüsslich verspeisen. Wie viele Weintrauben ernten wir in 5 Minuten? Wie lange benötigen wir, um alle Trauben zu ernten? **Variante:** Die geerntete Traube verspeist das Kind nicht selbst, sondern schenkt sie einem Mitspieler. **Erschwerte Variante:** Die Trauben müssen mit geschlossenen Augen mit der Zange aus dem Wasser geholt werden.

DAS BRAUCHT IHR:

- Eine Schüssel mit Wasser
- Einige Weintrauben
- Würstchenzangen
- Eieruhr
- Würfel

DAS WIRD GEFÖRDERT:

Konzentration, Auge-Hand-Koordination, Feinmotorik, mathematische Grundkenntnisse wie Zählen und Zusammenrechnen, Vorstellungskraft, Sozialverhalten, Empathie, Zielstrebigkeit, Lebenslust und Spaß

KNORRIGE KORKENSPRACHE

DAS BRAUCHT IHR:

Für jedes Kind einen Korken (ggf. noch Strohhalme und Eierlöffel)

DAS SPIEL:

Setzt euch zu einem Kreis zusammen. Jedes Kind nimmt sich einen Korken aus einem herumgereichten Körbchen. Nun nimmst du einen Korken in den Mund und sagst ein mehrsilbiges Wort. Die Kinder versuchen, das Wort zu erraten. Dann denkt sich eines der Kinder ein Wort aus und spricht mit dem Korken im Mund. Errät die Gruppe das Korkenwort des Kindes?
Variante: Statt Korken nehmen wir einen Eierlöffel oder einen Strohhalm in den Mund. **Lustige Variante:** Ihr sprecht ein Wort in unterschiedlichen Stimmungslagen aus. Beispiel: Das Wort „Hallo“ wird traurig, fröhlich, ärgerlich, wütend, aufgeregt, müde, lachend, etc. ausgesprochen.

DAS WIRD GEFÖRDERT:

Phantasie, genaues Hinhören, Konzentration, Spaß am Albernsein, Ausdrucksfähigkeit, Gemeinschaftssinn, Einfühlungsvermögen, Wahrnehmung

EIN MINÜTCHEN TURBO-SPORT

DAS SPIEL:

Überlegt gemeinsam, was man eine Minute lang Anstrengendes tun kann, damit das Herz so richtig doll zum Rasen kommt. Beispiele: Auf einen Stuhl setzen, aufspringen, hinsetzen, aufspringen, hinsetzen. Oder eine Minute auf der Stelle rennen oder die Treppe hoch und wieder herunter laufen. Nach dieser turbulenten Minute legt euch alle auf den Boden und fühlt mit der Hand, wie doll das Herz schlägt. Bleibt so lange ruhig liegen, bis das Herz wieder normal schlägt. Erzähle den Kindern, dass das Herz sich freut, wenn wir es manchmal ganz doll zum Klopfen bringen. Der Körper wird besser durchblutet und die Knochen werden durch Sport stark.

Sportwissenschaftler behaupten übrigens, dass der gesundheitliche Effekt bei fünf einminütigen Turboeinheiten pro Tag so hoch ist, wie bei einer halben Stunde „normalem" Sport.

DAS BRAUCHT IHR:

Nichts, oder

z. B. einen Stuhl

z. B. Treppenstufen

z. B. ein Sofa etc.

Und eine Eieruhr
zum Abmessen der Zeit

DAS WIRD GEFÖRDERT:

Phantasie, Gemeinschaftsgefühl, Erleben von angenehmer Bewegung und Entspannung, Fitness, Verantwortung für den eigenen Körper, Zeitempfinden

DA HABEN WIR DEN SALAT

DAS BRAUCHT IHR:

- 3 EL gutes Öl
- 2 EL Balsamico
- 2 EL Orangensaft
- Salz, Pfeffer, Senf und Honig
- Gurke, Kohlrabi etc.
- Stift und Papier

DAS REZEPT:

„In Frankreich kann jedes fünfjährige Kind die Familien-Salatsoße alleine anrühren. In Deutschland rührt Mama oder Papa die Soße an und das Kind sitzt währenddessen vor einem Lernspiel.“

So stand es in einem Fachblatt. Zeit, das zu ändern. Heute wird Salat gemacht, und die Kinder überraschen ihre Eltern mit dem Rezept. Die Zutaten werden mit dem Schneebesen verrührt, jedes Kind ist im Wechsel mit dem Rühren dran. Nun wird das Gemüse kleingeschnippelt und wir genießen gemeinsam unseren kleinen leckeren Salat. **Tipp:** Bringt eine Schüssel frischen Salat in eine andere Gruppe und erfreut die Kinder damit. Damit sich jedes Kind das Rezept merken kann, wird es symbolisch aufgemalt, sodass dieses Rezept zuhause nachgerührt werden kann.

DAS WIRD GEFÖRDERT:

Selbstvertrauen, Selbstbewusstsein, je nach Alter: Umgang mit Küchenutensilien, Freude am Zubereiten von Mahlzeiten, Geschmackssinn, Merkfähigkeit, Symbolbilder erkennen, Verantworungsbewusstsein, Freude am Schenken, Sozialverhalten

WAS RAPPELT IN DER DOSE?

DAS SPIEL:

Besorgt euch eine leere Kaffee- oder Teedose. Die Kinder schließen die Augen und du steckst einen beliebigen Gegenstand in die Dose und machst den Deckel drauf. Durch Fragen versuchen die Kinder herauszufinden, was in der Dose steckt: Ist es hart? Kann man das essen? Kann man damit spielen? Antworte möglichst nur mit ja oder nein. Kleine Tipps sind erlaubt. Es darf auch mit der Dose gerappelt werden. Wurde der Gegenstand erraten, dann kommt eines der Kinder dran. In der letzten Runde stecken vielleicht kleine Leckereien in der Dose.

Tipp: Vielleicht haben die Kinder Freude daran, die „Rappel-Frage-Dose" schön zu gestalten?

DAS BRAUCHT IHR:

- Eine Dose mit Deckel
- Beliebige kleine Gegenstände

DAS WIRD GEFÖRDERT:

Konzentration, Vorstellungskraft, Formulierung von Fragen, Zuhören, logisches Denken, Sprachentwicklung, Wahrnehmung, Ausdrucksweise, bildnerisches Gestalten

KOMM, WIR ZAUBERN ZAUBERSAND

DAS BRAUCHT IHR:

- 15 Tassen billiges Mehl
- 2 Tassen Babyöl
- Evt. Ausstechförmchen
- Ein Nudelholz
- Besteck zum Musterdrücken

DAS SPIEL:

Gießt das duftende Öl in eine große Schüssel, gebt nach und nach das Mehl hinzu und rührt es mit einem Rührlöffel um. Sobald die Masse sich festigt, knetet ihr sie mit euren Händen kräftig durch. Nach Bedarf könnt ihr noch etwas Öl einkneten. Fertig ist der duftende Zaubersand. Er fühlt sich wunderbar an, und nun kann nach Herzenslust geknetet, geschaufelt und geformt werden. **Variante:** Biete den Kindern nach einiger Zeit zum Experimentieren Nudelholz, Förmchen, Besteck etc. an. Damit sich der Zaubersand nicht in der Kita verteilt, eignet sich ein großes Backblech als Unterlage. Im luftdichten Behälter hält sich der Zaubersand viele Wochen. **Tipp:** Fertigt ein weiteres Zaubersand-Rezept an und schenkt dies dann in einer schönen Dose einer anderen Kindergruppe.

DAS WIRD GEFÖRDERT:

Phantasie und Kreativität, Feinmotorik, Gestaltungsfreude, Erkennen von Symbolen, taktile Wahrnehmung, Experimentierfreude, naturwissenschaftliche Grundkenntnisse, Selbstständigkeit, Freude am Schenken, Sozialverhalten

WIR BACKEN UNSER KITABROT RUCKZUCK

DAS REZEPT:

Gebt alle Zutaten in eine große Schüssel und vermengt sie gründlich mit einem Rührlöffel. Die Masse wird nicht sehr fest, sondern bekommt eher eine etwas matschige Konsistenz. Nun wird der Teig mit sauberen Händen noch ein wenig durchgeknetet, bevor er in eine mit Backpapier ausgelegte Brotbackform kommt. Die Form könnt ihr gleich in den Ofen schieben, das Brot bei geringer Wärme etwas gehen lassen und dann bei 160°C etwa eine Stunde goldbraun backen.
Tipp: Vor dem Backen das Brot mit Kürbiskernen bestreuen. Wenn die Kruste lecker braun aussieht, dann ist das Brot fertig. Die Zeit richtet sich nach dem Backofen, einfach ausprobieren und experimentieren. Nun das Brot auskühlen lassen und mit etwas Butter und gegebenenfalls Gänseblümchen genießen.
Tipp: Backt ein Brot für die Nachbargruppe und überrascht sie damit.

DAS BRAUCHT IHR:

- 500 g gutes Mehl
- 150 g Sonneblumenkerne
- 1 P. Trockenhefe
- 1,5 TL Salz
- 1 EL Apfel- oder Weinessig
- 400 ml lauwarmes Wasser

DAS WIRD GEFÖRDERT:

Verantwortungsgefühl, Mathematik, Gefühl für Mengen und Maße, Selbstständigkeit, Konzentration, Feinmotorik, Selbstbewusstsein, Kreativität und Geschicklichkeit, Freude am Ausprobieren und am neuen Rezept

BLEIB DABEI, HOL MINDESTENS DREI

DAS BRAUCHT IHR:

- Beliebige Dinge aus der Kita
- Eine Schale trockene Bohnen
- Für jeden ein leeres Schälchen
- Schwarze Schokolade

DAS SPIEL:

Es geht darum, Aufträge zu erfüllen und dadurch möglichst viele Bohnen einzuheimsen. Nenne einem Kind 3 Dinge, die es holen soll: „Hol ein Auto vom Bauteppich, bring noch einen Waschlappen aus dem Bad und einen Löffel aus der Kinderküche mit." Auftrag erfüllt? Dann bekommt das Kind 3 Bohnen. Nun kommt das nächste Kind an die Reihe, wobei ggf. eines der Kinder den Auftrag erteilt. Es werden wieder 3 Dinge hergeholt. Endrunde: Alles wird per Auftrag wieder zurückgebracht: „Bring den Topf zurück in die Küche etc." Haben wir alle gemeinsam mehr als 20 Bohnen eingeheimst? Dann gibt es für jeden ein kleines Stückchen schwarze Schokolade. Die wird genüsslich gelutscht während ihr euch von den Aufträgen ausruht.

DAS WIRD GEFÖRDERT:

Merkfähigkeit, Vorstellungskraft, Konzentration, genaues Hinhören, Raumverständnis, Orientierungssinn, Aufmerksamkeit, Freude am Erfolgserlebnis, Selbstvertrauen, sprachliche Ausdrucksfähigkeit, Freude am Genießen

WAS SCHWIMMT OBEN, WAS GEHT UNTER?

DAS SPIEL:

Stellt die Wasserwanne vor euch hin. Nun tragt beliebige kleine wasserfeste Gegenstände zusammen (Tomate, Apfel, Korken, Stein, Büroklammer, Weintraube, Gummiring, Löffel, Kronkorken, Strohhalm etc.). Eines der Kinder sucht sich einen Gegenstand aus. Bevor er ins Wasser gegeben wird, schätzen wir gemeinsam, ob der Gegenstand untergeht oder oben schwimmt. Das Forschungsergebnis wird symbolisch auf dem Zettel dokumentiert. Nun legt das nächste Kind einen Gegenstand ins Wasser. **Variante:** Statt auf einen Zettel können die Ergebnisse auch in einem „Forscherheft“ angelegt werden. **Noch eine leckere Variante:** Wenn richtig geraten wurde, gibt es für alle eine kleine Knabberei (Nüsse, Rosinen, Möhrchenscheiben etc.) **Tipp:** Recherchiert im Internet, warum manche Dinge schwimmen und manche untergehen.

DAS BRAUCHT IHR:

- Eine Wanne mit Wasser
- Beliebige wasserfeste Gegenstände
- Zettel und Stift
- Teller mit Knabbereien

DAS WIRD GEFÖRDERT:

Naturwissenschaftliche Kenntnisse, Experimentierfreude, Konzentration, logisches Denken, Recherchierfreude, Neugierde, das Lesen und Malen von Symbolen, Gemeinschaftssinn

WIR BACKEN TISCHDEKO AUS SALZTEIG

DAS BRAUCHT IHR:

- 2 Tassen Salz
- 4 Tassen Mehl
- 2 Tassen Wasser

DAS SPIEL:

Kippt Salz und Mehl in eine große Schüssel und knetet nach und nach das Wasser unter die Masse. Ruckzuck habt ihr einen geschmeidigen Teig. Vielleicht habt ihr ja Lust, Tischdeko wie Blüten, Kerzenständer oder Teelichthalter zu formen? Dann könnt ihr schon bald den Mittagstisch schön schmücken und die Gemütlichkeit genießen.

Damit eure Kunstwerke haltbar bleiben, werden sie im Backofen gebacken. Trocknet alles zunächste ein Stunde bei 50°C, dann noch weitere 60 Minuten bei etwa 120°C Umluft. Fertig! **Variante:** Wenn ihr möchtet, könnt ihr die Teile auch noch anmalen und lackieren. **Tipp:** Legt etwas von der Tischdeko auf einen kleinen Teller mit Tortenspitze und überrascht damit eine andere Kinder-Gruppe.

DAS WIRD GEFÖRDERT:

Phantasie und Kreativität, Feinmotorik, taktile Wahrnehmung, Selbstständigkeit, Freude daran selbst etwas herzustellen, Ausgeglichenheit, künstlerisches Gestalten, Freude am Verschenken, Einfühlungsvermögen, Sozialverhalten

BECHER-SCHIEBEN

DAS SPIEL:

Alle Becher werden umgedreht auf den Tisch gestellt. Die Kinder schauen zu, wie du unter einen der Becher eine weiße Bohne legst. Nun werden die Becher von dir vor den Augen der Kinder flink hin und her geschoben. Sprich diesen Spruch:

Becher rutschen hin und her,
flink und schnell wie die Feuerwehr,
flink und schnell wie ein Krankenwagen.
Stopp! Wo ist die Bohne? Könnt ihr es mir sagen?

Haben die Kinder die richtige Antwort? Super! Dann versteckt eines der Kinder die Bohne und schiebt die Becher umher. Alle passen auf.

DAS BRAUCHT IHR:

- Etwa 10 gleiche Becher
- Eine weiße Bohne

DAS WIRD GEFÖRDERT:

Konzentration, genaues Hinschauen, Sprache, Aufmerksamkeit, Feinmotorik, Merkfähigkeit, Gemeinschaftsgefühl

PANTOMIMISCHER WALDSPAZIERGANG

DAS BRAUCHT IHR:

Eine räumliche Umgebung

DAS SPIEL:

Lade die Kinder zum abenteuerlichen Phantasie-Waldspaziergang durch die Kitaräume und Flure ein. Zieht euch (pantomimisch) warm an: Jacke an, Reißverschluss schließen, Schuhe an, Mütze auf etc. Was kommt alles in den Rucksack? (Fernrohr, Brote, Wasserflasche, Mückenspray ...) Dann geht es über eine große Straße in den tiefen Wald. Es geht durch Gräben, über Baumstämme, durch dichtes Buschwerk hindurch. Ihr seht wilde Tiere, klettert auf Bäume und versteckt euch hinter dichten Tannen. Alles natürlich pantomimisch und sprachlich begleitet. Dann wird Picknick gemacht, entspannt und im weichen Moos ein Schläfchen gehalten, bevor es zurück in die Kita geht. **Tipp:** Eine Vogelzwitscher-CD im Hintergrund macht den Spaziergang noch intensiver und schöner.

DAS WIRD GEFÖRDERT:

Phantasie und Kreativität, bildnerische Vorstellungskraft, Aufmerksamkeit, Orientierungssinn, Bewegungsfreude, Fein- und Grobmotorik, Körperbeherrschung

TISCHPLATTEN-KUNSTWERK

DAS SPIEL:

Schaut in die Schränke und tragt beliebigen flachen Kleinkram auf dem Tisch zusammen. Nun wird alles schön ausgebreitet und sortiert. Lasst für jedes Kind etwas Platz auf der Tischplatte, denn da entstehen nun eure ganz individuellen, kreativen „Tischplatten-Kunstwerke“. All die zusammengetragenen Materialien stehen den Kindern beim Legen ihrer Bilder zur Verfügung. Mit viel Phantasie entstehen Musterbilder, Blüten, Sterne, geometrische Formen oder bildnerische Motive. Besonders die Wattestäbchen sind ideal zum Legen. Die fertig gelegten Kunstwerke werden zum Schluss von oben fotografiert. **Variante:** Lasst euch zum Tischplattenbild kleine Geschichten einfallen ... Es war einmal ein kleines Wattemännchen, das wollte unbedingt die große weite Welt kennenlernen ...

DAS BRAUCHT IHR:

Beliebigen Haushalts-Kleinkram, wie:
viele Wattestäbchen, Kronkorken, Eierlöffel, Wäscheklammern, Wattepads, Gummiringe etc.

DAS WIRD GEFÖRDERT:

Phantasie und Kreativität, Vorstellungskraft, Bildnerisches Gestalten, Feinmotorik, Freude an der Sprache, Geduld und Ausdauer, Selbstwertgefühl, Ausdrucksform, Zuhören, Sprachentwicklung

LECKER, LECKER KNABBER-MANDALA

DAS BRAUCHT IHR:

- Frisches Obst und Gemüse
- Rosinen und Nüsse
- Ein Messer
- Einen großen weißen Teller

DAS SPIEL:

Legt Obst, Gemüse, Nüsse und Rosinen auf den Küchentisch. Schneidet dann die Früchte beliebig in Streifen, Scheiben oder Stückchen. Nun gestaltet ihr auf dem weißen Teller gemeinsam ein buntes Knabber-Mandala. Das kann ein gelegtes Motiv oder auch Muster sein. Der Phantasie sind keine Grenzen gesetzt. Bevor ihr das leckere Mandala gemeinsam verputzt, könnt ihr es noch von oben fotografieren. **Variante:** Ihr gestaltet so ein schönes Knabbermandala und überrascht mit dem Geschenk eine andere Kindergruppe.

DAS WIRD GEFÖRDERT:

Vorstellungskraft, Konzentration, Umgang mit Messer, Phantasie und Kreativität, künstlerisches Gestalten, Genussfähigkeit, Feinmotorik, Freude am Schenken, Empathie

WEICHE WATTE-WANDERUNG

DAS SPIEL:

Stellt das Tablett auf den Fußboden und verteilt rundherum im Zimmer viele Wattebällchen. Zieht nun eure Schuhe und Strümpfe aus und schaut mal ob es euch gelingt, mit den Zehen die Bällchen aufzuheben und aufs Tablett zu transportieren. Im Spiel geht es darum, innerhalb einer Minute möglichst viele Bällchen zum Tablett zu bringen. Wie viele Bällchen liegen nach einer Minute auf dem Tablett? **Variante:** Statt Watte können auch andere Dinge (Bohnen, Kronkorken, Eicheln etc.) mit den Fußzehen transportiert werden. **Noch eine Variante:** Im Hintergrund läuft während der Wattwanderung leise Musik. **Tipp:** Gestaltet einen kleinen Schuhkarton, in dem ihr die Wattebällchen bis zur nächsten Wattewanderung aufbewahrt.

DAS BRAUCHT IHR:

- Viele Wattebällchen
- Ein Tablett
- Eine Eieruhr

DAS WIRD GEFÖRDERT:

Konzentration, Raumverständnis, Tastsinn, Zahlenverständnis, Freude am Erfolgserlebnis, Körperbeherrschung, Selbstvertrauen, Fein- und Grobmotorik, Fußgelenkigkeit, Kreativität

LUSTIGER FLASCHEN-SPORT

DAS BRAUCHT IHR:

- Eine leere Flasche
- Beliebige Gegenstände in der räumlichen Umgebung

DAS SPIEL:

Setzt euch mit der leeren Flasche auf den Boden. Du beginnst und drehst mit Schwung die Flasche. Schaut wohin sie zeigt. Beispiel: Die Flasche zeigt auf einen Stuhl. Der Stuhl ist nun das „Sportgerät“. Lasst euch gemeinsam eine lustige Sportübung einfallen, die von den Kinder dann 3 × durchgeführt wird (z. B. draufsetzen, hochspringen und wie ein Affe brüllen ...). Ist die Gruppe sehr groß, wird im Vorfeld besprochen, welche drei Kinder in der nächsten Runde dabei sind. Anschließend dreht eines der Kinder die Flasche. Sie zeigt auf einen Papierkorb? Fällt uns eine Papierkorb-Übung ein? Vielleicht 3 × drumherum hopsen? Je witziger und lustiger, desto besser ... **Tipp:** Bemalt oder beklebt die Flasche, sodass sie beim Drehen vielleicht sogar glitzert und immer wieder eingesetzt werden kann?

DAS WIRD GEFÖRDERT:

Phantasie und Kreativität, Gemeinschaftsgefühl, Erleben von Bewegung und Entspannung, Fitness, Experimentierfreude, Mathematik, Lebensfreude

REISE ZUM PLANETEN FLUNKI

DAS SPIEL:

Es geht auf Phantasiereise zum Planeten Flunki. Alle setzen sich zu einem Kreis rund um die goldene Branddecke zusammen. Nun sitzen wir in der Rakete. Was nehmen wir zu essen und zu trinken mit? Dann folgt pantomimisch: Raumanzug anziehen, einsteigen, anschnallen, Cowndown bis zehn, Landung – Flunki entdecken. Die Kinder steigen aus und du schlüpfst in die Rolle des „Flunkimännchens".

Setz dir Fahrradhelm und Sonnenbrille auf, beweg dich und sprich wie ein Roboter. Entdeckt den Planeten: *Schaut, da Flunkimeer – kein Wasser, nur Milch drin. Da Boulettenbaum, wollen wir pflücken Boulette ab?* Spinnt gemeinsam weiter. Dann geht es mit der Rakete zurück. Das Flunkimännchen bleibt auf dem Planeten und winkt zum Abschied. Bestimmt gibt es noch viel zu lachen und zu erzählen ...

DAS BRAUCHT IHR:

- Verschiedene Wohnungsgegenstände
- Fahrradhelm oder optional ein Tuch
- Eine Sonnenbrille
- Eine rund geschnittene Branddecke

DAS WIRD GEFÖRDERT:

Phantasie und Kreativität, bildnerische Vorstellungskraft, das Schlüpfen in andere Rollen, Sprache, Einfühlungsvermögen, Lebenslust, Freude am Rumalbern, Körperwahrnehmung, Zuhören, Freude am Rollenspiel

DREH DEN DECKEL UM

DAS BRAUCHT IHR:

- 20 kleine Deckel von Saft- oder Milchpäckchen
- Einen Würfel
- 2 Esslöffel
- Zettel und Stift

DAS SPIEL:

Bemalt mit einem schwarzen Filzer alle Deckel von der Unterseite mit 1–3 Pünktchen. Dann werden sie umgedreht auf dem Tisch verteilt. Nun wird der Reihe nach gewürfelt. Bei einer 6 darf ein beliebiger Deckel mit Hilfe von 2 Esslöffeln aufgedeckt werden. Die Punktzahl wird notiert und zum Ende zusammengerechnet. Wer ergattert die meisten Punkte? Das Spiel ist vorbei, wenn alle Deckel aufgedeckt wurden. Der Gewinner darf sich von den Kindern ein Lied wünschen.
Variante: Statt Esslöffel Würstchenzange oder 2 Essstäbchen etc. nehmen.

DAS WIRD GEFÖRDERT:

Konzentration, Auge-Hand-Koordination, Feinmotorik, Geschicklichkeit, mathematische Grundkenntnisse wie Zählen und Zusammenrechnen, Zielstrebigkeit, abwarten können, Ausdauer

DAS SPIEL:

Verteilt jede Menge Wäscheklammern auf dem Fußboden. Bei dem Spruch „Auf die Klammern, fertig los“ stürzen sich jeweils 2–3 Kinder auf die Klammern und klammern eine möglichst lange Schlange auf dem Fußboden aneinander. Stellt die Eieruhr ein. Nach einer halben Minute werden alle Schlangen zu einer langen Reihe aneinander gereiht. Welche Länge hat unsere „Gemeinschaftsschlange“? Messt die Länge mit dem Zollstock nach und schreibt das Ergebnis auf einen Zettel. **Tipp:** Vielleicht markiert ihr mit Kreide, Klebeband oder Wolle die Länge auf dem Fußboden? Nun gilt es, den Rekord zu brechen. Wie lang wird heute unsere längste Klammerschlange werden? **Variante:** Klammern zählen, statt Länge abmessen.

DAS BRAUCHT IHR:

- Einen Beutel voller Wäscheklammern
- Einen Zollstock
- Eine Eieruhr

DAS WIRD GEFÖRDERT:

Feinmotorik, Geschicklichkeit, Konzentration, Zielstrebigkeit, Ausdauer, Zahlen- und Längenverständnis, Umgang mit Messgerät, Gemeinschaftsgefühl

BONNY BANANA

DAS BRAUCHT IHR:

- 2 Bananen
- 4 Eier
- Öl und eine Pfanne

DAS SPIEL:

Erzähle den Kindern eine kleine Phantasie-Geschichte:

Weit von hier wohnt in einem gelben Haus ein Mann namens Rudi Rallala in einer gelben Wohnung. Sein Lieblingspullover ist gelb und natürlich auch sein Schlafanzug. Am liebsten isst er Bananen und am allerliebsten bruzzelt er sich seine Leibspeise „Bonny Banana“.

Dann bruzzelt ihr euch in der Pfanne Rudis Lieblingsspeise. Bananen und Eier werden „vermatscht“ und die Masse wird dann im heißen Öl von beiden Seiten knusprig braun gebraten. Sehr lecker und gesund! **Tipp:** Die Geschichte von Rudi Rallala nimmt kein Ende und wird täglich weitergesponnen. Sie kommt – mit den gemalten Bildern der Kinder – ins gemeinsam angelegte und gestaltete Rallala-Buch. **Tipp:** Bringt einen Teller „Bonny Banana“ zu den anderen Kindern und überrascht sie damit.

DAS WIRD GEFÖRDERT:

Zuhören, Konzentration, Vorstellungskraft, Phantasie und Kreativität, Feinmotorik, Selbstständigkeit, Freude daran selbst etwas herzustellen, Lesen von Symbolen, Ausdrucksfähigkeit, Freude am Schenken, Sozialverhalten

PERSONEN ERRATEN

DAS SPIEL:

Setzt euch mit dem Saft gemütlich an den Tisch. Nun beschreibst du (nach und nach) eine Person, die alle Kinder kennen (z. B. eine Kollegin, eine Mama von einem Kitakind, ein Kitakind etc.). Beispiel: Es ist ein Mädchen. Die Person hat braune Haare. Die Person trägt eine Brille. Die Person hat einen Hund ... Errät eines der Kinder, um welchen Menschen es sich handelt, dürfen alle einen kleinen Schluck Saft genießen. Nun beschreibt eines der Kinder einen Menschen, und das Raten geht weiter.

DAS BRAUCHT IHR:

Für jedes Kind ein Gläschen Saft und einen Strohhalm

DAS WIRD GEFÖRDERT:

Vorstellungskraft, Konzentration, Sprachentwicklung, Kombinationsgabe, genaues Zuhören, Aufmerksamkeit, Genussfähigkeit

UPS! WO IST DAS KISSEN DENN?

DAS BRAUCHT IHR:

Eine räumliche Umgebung

DAS SPIEL:

Stellt euch in einen beliebigen Raum und schaut euch eine zeitlang ganz intensiv um. Was seht ihr alles? Wie viele Kissen liegen im Vorlese-Sofa? Wie viele Puppen liegen im Puppenbett? Was liegt und steht in den Regalen, in den Schrankfächern? Wie sehen die Vorhänge aus? Sind sie auf- oder zugezogen? Nach der intensiven Betrachung gehen alle Kinder kurz hinaus oder schließen die Augen. Währenddessen veränderst du eine Sache. Die Kinder kommen herein und überlegen, was sich verändert hat. Beispiele: Es liegen nur noch 2 Kissen auf dem Sofa oder die Puppen sitzen auf der Fensterbank, oder die Vorhänge sind zugezogen etc. Dann gehst du hinaus und das Spiel geht weiter. Die Kinder verändern etwas und du musst raten ...

DAS WIRD GEFÖRDERT:

Konzentration, Vorstellungskraft, genaues Hinsehen, Merkfähigkeit, logisches Denken, Sprache, Wahrnehmung

DECKEL-MINIGOLF

DAS SPIEL:

Baut euch einen Minigolfplatz. Rollt dazu je 2–3 Zeitungsseiten zu festen Stangen auf. Daraus formt ihr stabile Bögen und befestigt sie zu einem Parcours angeordnet mit Klebeband auf dem Fußboden. Vor jedem Tor gibt es eine Einmeter-Abstandskennzeichnung. Die Bögen können gerne unterschiedlich breit sein. Nun legt die Startlinie und das Zieltor fest, dann kann es losgehen. Jedes Kind ist im Wechsel dran, die anderen schauen zu und spornen an. Gelingt es euch innerhalb einer festgelegten Zeit mit dem Holzlöffel den Deckel durch die Zeitungstore bis zum Ziel zu pfeffern? **Variante:** Der Golfplatz kann mit zusätzlichem Kita-Kram noch schwieriger und interessanter gestaltet werden.

DAS BRAUCHT IHR:

- Eine alte Zeitung
- Klebeband
- Einen Marmeladenglasdeckel
- Einen Holzlöffel
- Eine Eieruhr

DAS WIRD GEFÖRDERT:

Feinmotorik, Geschicklichkeit, Konzentration, Zielstrebigkeit, Ausdauer, gesunder Ehrgeiz, Auge-Hand-Koordination, Geduld, Aufmerksamkeit, Sozialverhalten, Gemeinschaftssinn, Kreativität

MACHT IHR MIT? WIR ROLLEN UNSEREN KÖRPER FIT!

DAS BRAUCHT IHR:

Einige Nudelhölzer

Alternativ: Flusenrollen oder Massagerollen aus der Drogerie

DAS SPIEL:

So ein rollendes Nudelholz eignet sich gut, um Rücken, Arme und Beine sanft damit zu massieren. Eines der Kinder legt sich auf den Bauch, und du rollst das Nudelholz vorsichtig die Beine entlang. Vielleicht eignet sich dieser Spruch:

„Ich rolle rauf, ich rolle runter. Davon werden deine Beine (Arme, dein Rücken) munter. Ich rolle hin, ich rolle her, das Rollen fällt mir gar nicht schwer." Dann kommt der Rücken, dann die Arme dran. Nun können sich die Kinder selbst oder gegenseitig mit der Rolle sanft massieren. Erzähle den Kindern, dass der Körper sich nur freut, wenn ganz sanft gerollt wird. **Tipp:** Packt die Rollen nebst Text in einen kleinen „Massagekoffer", der bei Bedarf schnell geschnappt und eingesetzt werden kann.

DAS WIRD GEFÖRDERT:

Fitness, Sensibilität, Einfühlungsvermögen, Sprachentwicklung, Merkfähigkeit, Gesundheitsbewusstsein, Körperwahrnehmung, Wohlbefinden, soziales Miteinander, Empathie

KLAUS, DIE MAUS

DAS SPIEL:

Heute gibt es eine Tütengeschichte. Bastelt aus einer Filtertüte eine einfache Maus. Dazu die Tüte falten, Watteohren und Schwänzchen ankleben und mit einem Filzer Augen, Schnäuzchen und Barthaare aufmalen. Schneide in eine Komposttüte ein Loch, nimm die Tüte in eine Hand und halte das Mäuschen in der anderen Hand dahinter versteckt. Nun folgt der Spruch:

„Schau, in der Tüte da gibt es ein Loch. Drinnen wohnt Kläuschen, der schläft wohl noch. Ob er wohl bald aufstehen will? Noch schnarcht er leise, hör zu und sei still. Klaus wach auf, du kleine Maus. Komm endlich aus der Tüte raus. Da freut sich Kläuschen und schaut aus dem Loch. Laut ruft er: Ich komme doch!"

Stecke nun die Maus durch die Tüte. Sie unterhält sich mit den Kindern. Vielleicht will sie die Kita kennenlernen und mit den Kindern auf Entdeckungstour gehen?

DAS BRAUCHT IHR:

- Eine Komposttüte
- Eine Kaffeefiltertüte
- 2 Wattepads
- Eine kleine Schnur
- Einen schwarzen Filzer
- Kleber

DAS WIRD GEFÖRDERT:

Sprachentwicklung, Phantasie, Zuhören, Konzentration, Feinmotorik, Kreativität, Ausdrucksfähigkeit, Wahrnehmung, soziales Miteinander, Empathie

HOKUSPOKUS-SPIELZEUGZAUBER

DAS BRAUCHT IHR:

- Aufräumsituation
- Ein Centstück

DAS SPIEL:

Es ist Aufräumzeit und der Spielraum sieht chaotisch aus? Wunderbar! Alle Kinder schließen die Augen und du legst unter ein beliebiges Spielzeug ein Centstück. Nun ist das Teil verzaubert. Bevor es mit dem Aufräumen losgeht, folgt dieser Spruch:

„Hokuspokus Dominostein, ein Spielzeug wird nun verzaubert sein. Eene, meene, beene – wenn es berührt wird, schrillt die Sirene."

Berührt eines der Kinder dann beim Aufräumen irgendwann diesen Gegenstand, dann machst du laut eine Sirene nach. Das Kind darf nun das Centstück verstecken und alle anderen sind mit dem Aufräumen dran – bis der neu verzauberte Gegenstand berührt wird. **Variante:** Denkt euch verrückte Sachen aus, die alle machen müssen, wenn das verzauberte Spielzeug berührt wird (klatschen, hochspringen, lachen, tanzen etc.).

DAS WIRD GEFÖRDERT:

Spaß am Aufräumen, Phantasie, Aufmerksamkeit, Verantwortungsgefühl, Konzentration, Wahrnehmung, Empathie, Gruppengefühl

SPIEGEL-BILDER

DAS SPIEL:

Alle Kinder stellen sich in eine Reihe. Nun stellst du dich im Abstand von etwa zwei Metern vor die Gruppe, mit dem Blick zu den Kindern. Wenn du die Aufmerksamkeit der Kinder hast, vollführst du in Zeitlupe eine Bewegung, beispielsweise hebst du den rechten Arm. Schaffen die Kinder es, die gleiche Bewegung – wie ein Spiegelbild – zeitgleich nachzumachen? Du stellst dein rechtes Bein nach vorne, neigst den Kopf zur Seite, streckst beide Hände aus, gehst einen Schritt nach links etc. Bewege dich ganz langsam, wie in Zeitlupe. Die Gruppe macht zeitgleich alles nach. Dann übernimmt eines der Kinder das Vormachen und du wechselst in die Kindergruppe. **Tipp:** stellt euch zuvor vor einen Wandspiegel und schaut euch die eigenen Spiegelbilder an.

DAS BRAUCHT IHR:

Einen Wandspiegel

DAS WIRD GEFÖRDERT:

Körperbeherrschung, Geschicklichkeit, Gleichgewichtssinn, Konzentration, Bewegungsfreude, das sich Hineinversetzen in andere, Grobmotorik, Gemeinschaftssinn, Wahrnehmung

1, 2, 3, 4 - WAS FEHLT DENN HIER?

DAS BRAUCHT IHR:

Einen gedeckten Tisch

DAS SPIEL:

Deckt gemeinsam einen Tisch mit Geschirr für 4 Personen. Vielleicht in der Puppenecke? Achtet darauf, dass alles am richtigen Platz liegt. Die Kinder schließen die Augen und du entfernst einen Gegenstand vom Tisch. Dann folgt der Spruch „1-2-3-4 – was fehlt denn hier?" Erraten die Kinder, welcher Gegenstand vom Tisch genommen wurde? Nun kommt eines der Kinder an die Reihe und alle anderen schließen die Augen. **Variante:** Es wird nichts vom Tisch heruntergenommen, sondern verändert. Beispielsweise liegt ein Teller falsch herum, oder eine Gabel steht im Glas u.s.w.

DAS WIRD GEFÖRDERT:

Freude am Tischdecken, Wahrnehmung, Konzentration, genaues Hinsehen, Aufmerksamkeit, Vorstellungskraft, Sprachentwicklung, Merkfähigkeit

WÜRFEL-POWER

DAS SPIEL:

Stellt euch zu einem Kreis zusammen. Nun wird abwechselnd gewürfelt. Jede Zahl fordert zu einer bestimmten Bewegung auf. Überlegt im Vorfeld gemeinsam, was man beim Würfeln einer Eins, Zwei, Drei, Vier, Fünf und Sechs machen muss.

Beispiel:
1 = einmal kräftig hochspringen
2 = zweimal auf den Boden setzen und wieder aufstehen
3 = dreimal Hampelmann springen
4 = alle vier Wände des Raumes kurz antippen
5 = fünfmal mit den Händen den Boden berühren
6 = still auf den Boden legen und langsam 6 × ein- und ausatmen

DAS BRAUCHT IHR:

Einen großen Schaumstoff-Würfel

DAS WIRD GEFÖRDERT:

Phantasie und Kreativität, Merkfähigkeit, Gemeinschaftsgefühl, Grobmotorik, Bewegungsfreude, Fitness, mathematisches Grundverständis, Ausdauer

RASCHELNDE FLUNKERGESCHICHTEN

DAS BRAUCHT IHR:

Für jedes Kind ein Stückchen Backpapier

DAS SPIEL:

Setzt euch gemütlich zusammen. Alle Kinder halten ein Stück Backpapier in den Händen. Nun erzählst du den Kindern wahre Dinge aus deinem Leben. Immer dann, wenn du offensichtlich geflunkerst hast, knistern die Kinder laut mit dem Papier. Beispiel: Heute Morgen habe ich mir die Zähne geputzt. Dann bin ich im Garten auf einen Baum geklettert und habe mir Möhren abgepflückt (Rascheln). In der Küche habe ich Kaffee gekocht. Dann bin ich mit dem Hubschrauber zur Kita geflogen ... (Rascheln) etc. Dreimal flunkern, dann kommt der nächste dran und erzählt Quatsch aus seinem Leben.

DAS WIRD GEFÖRDERT:

Phantasie, das Erzählen von kleinen Geschichten, bildnerische Vorstellungskraft, das Zuhören, Konzentration, Sprache, Aufmerksamkeit, Ausdrucksfähigkeit

WIR GEHEN AUF TUCHFÜHLUNG

DAS SPIEL:

Tragt gemeinsam 6–8 kleine Gegenstände aus dem Raum zusammen und legt sie auf den Tisch. Schaut sie euch genau an und deckt sie dann mit einem Tuch ab. Wissen wir noch was darunter steckt? **Variante:** Abwechselnd entfernen wir einen Gegenstand. Die anderen Kinder raten was fehlt. **Weitere Varianten:** Es kommt ein Gegenstand hinzu. Was liegt hier neu? Wie viele Teile liegen nun hier? Haben wir nun mehr oder weniger Teile als zuvor hier liegen? Was fühlst du durch das Tuch? Wir legen nur rote (gelbe, grüne, graue) Sachen zum Abdecken auf den Tisch etc. Das Spiel kennt keine Grenzen.

DAS BRAUCHT IHR:

Ein Tuch zum Abdecken kleiner Gegenstände

DAS WIRD GEFÖRDERT:

Vorstellungskraft, Konzentration, Mathematik, Sprache, logisches Denken, Aufmerksamkeit, Tastsinn, Ausdrucksform

WO IST SIE NUR - DIE EIERUHR?

DAS BRAUCHT IHR:

Eine Eieruhr, eine Spieluhr oder einen Wecker

DAS SPIEL:

Hört euch gemeinsam das Ticken der Uhr an. Zunächst mit geöffneten, dann auch mit geschlossenen Augen. Nun geht ein Kind kurz hinaus und die anderen verstecken die aufgezogene Eieruhr im Raum. Findet das Kind die Uhr, bevor sie klingelt? Anschließend geht das nächste Kind vor die Tür und das Suchen geht von vorne los. **Variante:** Eines der Kinder versteckt die Uhr, während die Kindergruppe kurzhinaus geht. **Tipp:** In der letzten Such-Runde entdecken die Kinder neben der Eieruhr einen Teller mit Nüssen oder anderen Knabbereien.

Seid mal leise, hört doch nur!
Tickt hier eine Eieruhr?

DAS WIRD GEFÖRDERT:

Konzentration, genaues Hinhören, Aufmerksamkeit, Zeitgefühl, Raumgefühl, Wahrnehmung

BIERDECKEL SCHMETTERN

DAS SPIEL:

Dieses Spiel macht richtig Spaß und weckt den Ehrgeiz. Es geht darum, jede Menge Bierdeckel quer durchs Zimmer möglichst nah an eine bestimmte Wand zu schmettern. Sucht zuvor eine möglichst freie Wand aus und markiert eine Stelle auf dem Fußboden, von wo ihr die Deckel losschmettert. Es wird abwechselnd geworfen. Liegen alle Bierdeckel an der Wand, wird ausgemessen welcher Deckel am nächsten an der Wand liegt. Schafft ihr es, einen Deckel direkt ohne Abstand an die Wand zu schmettern? Gar nicht leicht. Vielleicht habt ihr ja Lust die Bierdeckel schön zu bemalen oder zu bekleben und für den nächsten Einsatz in einer kleinen Schachtel aufzubewahren?

DAS BRAUCHT IHR:

- Lineal, Zollstock und Maßband
- Für jedes Kind einen Bierdeckel

DAS WIRD GEFÖRDERT:

Mathematisches Grundverständnis, Umgang mit Lineal, Zollstock und Maßband, gesunder Ehrgeiz, Feinmotorik, Vorstellungskraft, Bewegung, Konzentration

GUMMIRINGE ANGELN

DAS BRAUCHT IHR:

- Eine Wanne mit Wasser
- Viele bunte Gummiringe
- Einen Löffel
- Etwas Schnur
- Einen Schraubhaken oder etwas Draht
- Ein Tuch zum Verbinden der Augen
- Eine Eieruhr

DAS SPIEL:

Stellt eine oder mehrere kleine Wasserwanne(n) vor euch hin und verteilt die Gummiringe auf der Oberfläche. Dann baut euch aus Löffel, Schnur und Schraubhaken eine kleine Angel. Jedes Kind darf der Reihe nach nun eine halbe Minute angeln. Es geht darum, möglichst viele Ringe aus dem Wasser zu fischen. Das Spiel ist nach einer Angelrunde beendet. Dann werden die ergatterten Gummiringe zusammengezählt. Wie viele Ringe holen wir gemeinsam aus dem Wasser?

Variante: Die roten Ringe zählen doppelt.

Erschwerte Variante: Zum Angeln werden die Augen verbunden. Die Tages-Ergebnisse könnt ihr auf einem Zettel notieren. Das spornt an!

DAS WIRD GEFÖRDERT:

Konzentration, Auge-Hand-Koordination, Feinmotorik, mathematische Grundkenntnisse wie Zählen und Zusammenrechnen, Vorstellungskraft, Zielstrebigkeit, Gemeinschaftsgefühl

DAS SPIEL:

Stellt 4–6 Puddingschälchen auf den Tisch. Nun schaut nach, was die Küche an buntem Obst und Gemüse hergibt. Das kommt kleingeschnitten und nach Farben sortiert in die Schälchen. Beispiel: ROT = Erdbeere, Tomate, rote Paprika. GRÜN = Weintraube, Gurke, grüne Paprika. GELB = Ananas, Eierpflaume, Banane. Nun setzt euch alle um den Tisch. Es wird reihum mit dem Farbwürfel gewürfelt. Je nach gewürfelter Farbe darf man sich mit dem Zahnstocher ein Stückchen aus dem Schälchen pieksen. Guten Appetit!

DAS BRAUCHT IHR:

- Gemüse und Obst in verschiedenen Farben
- 4–6 Puddingschälchen
- Einen Farbwürfel
- Für jedes Kind einen Zahnstocher oder Käsepiekser

DAS WIRD GEFÖRDERT:

Umgang mit Messer, Farbkenntnisse, Allgemeinwissen, Feinmotorik, gesunde Ernährung, Konzentration, Aufmerksamkeit, Geschmackssinn

KÜCHEN-ORCHESTER

DAS BRAUCHT IHR:

- Töpfe
- Plastikschüsseln
- Schneebesen
- Essstäbchen
- Rührlöffel
- Leere Küchenkrepprollen

DAS SPIEL:

Heute wird mit ganz viel Phantasie und Kreativität Musik gemacht. Baut euch aus Schüsseln, Töpfen und Rührlöffel auf dem Fußboden ein kleines Orchester auf. Zunächst probiert alles aus, was klingt gut, was nicht? Wie hört sich das Schneebesenrühren in der Plastikschüssel an? Wie klingen Eierlöffel, Rührlöffel, Essstäbchen und Krepprollen auf dem Topfdeckel? Spielerisch erobert ihr die „Instrumente" und vielleicht habt ihr ja Spaß daran, ein Lied zu singen und das dann musikalisch zu begleiten. Der Phantasie sind keine Grenzen gesetzt. **Tipp:** Was haltet ihr von der Idee, Kinder aus den anderen Gruppen zum Küchen-Konzert einzuladen? So richtig mit Eintrittskarten und Popkorn?

DAS WIRD GEFÖRDERT:

Gefühl für Rhythmik, Experimentierfreude, Mathematik, Phantasie und Kreativität, musikalisches Empfinden, Hinhören, Gemeinschaftsgefühl, soziales Verhalten, Empathie

KÜCHEN-MÄRCHEN

DAS SPIEL:

Breitet auf dem Boden ein schönes Tuch aus. Nun geht ihr gemeinsam in die Küche und sucht drei beliebige Gegenstände aus dem Küchenschrank aus. Diese werden auf das Tuch gestellt. Beispiel: Teller, Eieruhr, Sieb. Erfinde eine kleine Geschichte dazu: *Es war einmal ein kleiner einsamer Teller, der so gerne einen Freund gehabt hätte. Willst du mein Freund sein, sprach er zur Eieruhr? Nein, nein, antwortete die Eieruhr, du bist mir viel zu flach und ticken kannst du auch nicht. Da wurde der Teller sehr traurig* ... Viel Spaß beim Weiterspinnen. Es kommen neue Dinge auf das Tuch, und die Kinder erfinden eine Geschichte. **Variante:** Statt Küchenkram können auch Spielzeug oder Kleidungsstücke aufs Tuch gelegt werden.

DAS BRAUCHT IHR:

- Beliebige Gegenstände aus der Kita-Küche
- Ein schönes Tuch

DAS WIRD GEFÖRDERT:

Phantasie, das Erfinden von kleinen Geschichten, bildnerische Vorstellungskraft, das Zuhören, Selbstvertrauen, Sprachschatzerweiterung, Konzentration, individuelle Ausdrucksweise, Aufmerksamkeit

HEIDEWITZKA – WAS BIN ICH WOHL?

DAS BRAUCHT IHR:

1 Teller mit Apfelschnitzelchen

DAS SPIEL:

Es geht darum beliebige Gegenstände aus dem Raum zu erraten (Beispiel Sofa). Du fängst an und sagst: Heidewitzka – wer bin ich wohl? Ich bin weich und rot! Auf mir liegen 3 Kissen. Ich stehe an einer weißen Wand. Ich bin ziemlich schwer. Sobald eines der Kinder den Gegenstand Sofa errät, nimmt sich jedes Kind ein kleines Apfelstückchen vom Teller. Gemeinsam genießen wir die kleine Apfelpause. Dann kommt eines der Kinder an die Reihe. Heidewitzka – wer bin ich wohl? Ich hänge an der Wand. Ich bin bunt bemalt (Beispiel: Bild). Das Spiel ist beendet, wenn die Apfelstückchen alle aufgefuttert worden oder alle einmal drangekommen sind.

DAS WIRD GEFÖRDERT:

Vorstellungskraft, Konzentration, Ausdrucksfähigkeit, Kombinationsgabe, genaues Zuhören, Aufmerksamkeit, Wahrnehmung, Phantasie, Genussfähigkeit

SCHNEEBESEN-WETTLAUF

DAS SPIEL:

Befestigt an allen Rührlöffeln eine lange Schnur. Ans Schnurende knotet ihr jeweils einen beliebigen Küchengegenstand fest (Schneebesen, Sieb, Löffel etc.). Nun setzen sich die Kinder mit ihren Rührlöffeln in der Hand nebeneinander auf einen Stuhl. Die 5-Meter-Schnüre nebst Küchengegenstand liegen abgewickelt parallel nebeneinander. Bei LOS geht's los: Jedes Kind versucht durch das Aufwickeln der Schnur seinen Gegenstand möglichst schnell heranzuholen. Sind wir schneller als die Eieruhr? **Varianten:** Der Schneebesen-Lauf kann natürlich auch um die Wette gespielt werden. Frag die Kinder, was noch alles an die Schnur gebunden und rangewickelt werden kann.

DAS BRAUCHT IHR:

- Schneebesen und andere beliebige Küchengegenstände
- Etwa fünf Schnüre (à 5 Meter lang)
- Einige Rührlöffel oder Holzstöckchen
- Eine Eieruhr

DAS WIRD GEFÖRDERT:

Feinmotorik, Geschicklichkeit, Konzentration, Zielstrebigkeit, Ausdauer, gesunder Ehrgeiz, Phantasie, Vorstellungskraft

KÜRBISKERN-WÜRFELSPIEL

DAS BRAUCHT IHR:

- Einen Teller voller Kürbiskerne
- Für jedes Kind ein kleines Schälchen
- Einen Würfel

DAS SPIEL:

Setzt euch zusammen an einen Tisch. Mittig steht ein Teller mit vielen Kürbiskernen. Jedes Kind bekommt ein Schälchen und nimmt sich vom großen Teller 6 Kürbiskerne. Nun wird abwechselnd gewürfelt. Jede Zahl hat eine Bedeutung: 1 = ein Kern darf gegessen werden. 2 = nimm dir zwei Kerne vom großen Teller. 3 = gib drei Kerne dem Mitspieler links neben dir. 4 = denkt euch weitere Bestimmungen aus. Das Spiel ist beendet, wenn eines der Kinder keine Kerne mehr auf seinem Teller hat. Macht aber nichts. Es bekommt zum Trost von allen Kindern, die noch mehrere Kerne besitzen, einen ab. **Leckere Variante:** Statt Kürbiskerne werden Nüsse oder Schokolinsen genommen.

DAS WIRD GEFÖRDERT:

Konzentration, Merkfähigkeit, Zahlenvorstellungen, Geduld und Ausdauer, Regelverständnis, Sozialverhalten, Freude am Miteinander

SCHULE SPIELEN

DAS SPIEL:

Fast alle Kinder lieben das „Schule spielen". Holt die Materialien und setzt euch damit an den „Schultisch". Frag die Kinder, ob sie sich eine strenge, eine lustige oder nette Lehrerin wünschen. So steht der Spaß im Vordergrund. Nun folgen die Schulstunden. Heute gibt es eine Mathestunde: Breitet die Gummiringe auf dem Tisch aus. Nun legt in jeden Ring drei (vier/fünf) Bohnen. Die Kinder schließen die Augen und du vermehrst (verringerst) in einem Ring die Bohnenanzahl. Entdecken die Kinder den Ring? Zeichne auf ein großes Stück Papier 30 Punkte. Die Kinder kreisen jeweils 2 „befreundete" Punkte ein etc. Erfinde mit den Kindern eine „Freundschaftsgeschichte" … Klar, dass es zwischendurch Pausen gibt und die Schulkantine zum Essen einlädt. **Tipp:** Mehr Spaß macht es mit einer Federmappe und einem kleinem Heftchen.

DAS BRAUCHT IHR:

- Papier und Stifte
- Eine Schale getrocknete Bohnen
- Viele Einmach- und Gummiringe in unterschiedlichen Größen

DAS WIRD GEFÖRDERT:

Konzentration, Zählen und Zuordnen, Zuhören, Aufmerksamkeit, logisches Denken, Feinmotorik, Freude am Rollenspiel, Selbstvertrauen

RITSCHE-RATSCHE FLIEGENKLATSCHE

DAS BRAUCHT IHR:

- Eine Fliegenklatsche für jedes Kind
- Stift und Zettel

DAS SPIEL:

Setzt euch an einen Tisch, alle Kinder halten eine Fliegenklatsche in der Hand. Nun überlegt euch einen Oberbegriff, z. B. „Werkzeug". Du zählst langsam verschiedene Werkzeuge auf (Bohrmaschine, Hammer, Schraubenzieher, Kneifzange ...). Sobald ein Wort nicht zum Oberbegriff passt (z. B. Blume) schlagen die Kinder mit der Klatsche auf den Tisch. Dann kommen im Wechsel die Kinder dran. Denkt euch neue Oberbegriff aus (Blumen, Küchengeräte, Straßenverkehr, Spielzeug, Gebäude etc.). **Variante:** Du nennst langsam einige Wörter, z. B. Auto, Schaf, Sonne, Kind, Bett, Auto ... Sobald sich ein Wort in der Reihe wiederholt, wird auf den Tisch geklatscht. **Tipp:** Schreibe die Wortreihen auf und bewahre sie in einer Kiste mit den Klatschen zusammen auf.

DAS WIRD GEFÖRDERT:

Zuhören, Konzentration, Wörter zu Oberbegriffen zuordnen, Aufmerksamkeit, Sprachentwicklung, Vorstellungskraft, Reaktionsschnelligkeit, Ausdrucksfähigkeit, Kombinationsgabe

HOKUSPOKUS SCHUHSALAT

DAS SPIEL:

Tragt jede Menge Schuhe aus der Garderobe zusammen und stellt sie ins Zimmer auf den Boden. Nun werden sie kräftig vermischt. Dann geht es darum, in kurzer Zeit möglichst viele Pärchen zusammenzustellen. Schaffen wir gemeinsam das Sortieren aller Schuhe bis die Eieruhr klingelt oder eine Spieluhr abgelaufen ist? In der nächsten Runde werden die Pärchen aufeinander gestellt und bilden einen Schuhturm. Wann kippt er? **Varianten:** Es werden lange Schuhreihen durchs Zimmer gelegt oder die Schuhe nach Farben (Größen, Merkmalen) sortiert. Auch das Suchen und Tasten nach Pärchen mit geschlossenen Augen verspricht viel Spaß. Wie viele entdecken wir in einer Minute?

DAS BRAUCHT IHR:

- Viele Kinderschuhe aus der Garderobe
- Eine Eieruhr oder Spieluhr zum Zeitmessen
- Ein Tuch zum Verbinden der Augen

DAS WIRD GEFÖRDERT:

Konzentration, Mathematik, logisches Denken, Geschicklichkeit, Aufmerksamkeit, Tastsinn, Zeitgefühl, Gemeinschaftsgefühl, Wahrnehmung

AUF DIE PLÄTZCHEN, FERTIG, LOS

DAS BRAUCHT IHR:

- 300 g Zucker (oder ca. 200 g Kokosblütenzucker)
- 3 P. Vanillezucker
- 900 g gutes Mehl
- 1/2 P. Backpulver
- 450 g Butter
- 3 Eier
- Etwas Salz

DAS SPIEL:

Vermischt in einer großen Schüssel Zucker, Salz und Backpulver mit dem Mehl. Gebt die kalte Butter und das Ei hinzu und verknetet alles miteinander. Legt nun den Teig ein wenig in den Kühlschrank, damit er schön kalt wird. Nach einem halben Stündchen könnt ihr flache Phantasie-Figuren oder Taler formen und die dann auf einem Backblech (Backpapier nicht vergessen) im Backofen bei etwa 160°C goldbraun backen. Vielleicht habt ihr Lust euch zu den Phantasiefiguren spannende oder lustige Geschichten auszudenken, bevor ihr sie genüsslich verzehrt? **Tipp:** Tragt das neue Rezept mit Symbolfiguren ins Kinder-Rezeptheft ein. Vielleicht möchte manches Kind ein eigenes kleines Rezeptheft anlegen? **Noch ein Tipp:** Bringt eine Schale mit gebackenen Keksen zu den anderen Kindern, um sie zu erfreuen!

DAS WIRD GEFÖRDERT:

Gefühl für Mengen und Maße, Selbstständigkeit, Konzentration, Feinmotorik, Selbstbewusstsein, Kreativität und Geschicklichkeit, das „Lesen" und Zeichnen von Symbolen, Freude am neuen Rezept und am Genießen, Freude am Schenken, Sozialverhalten

ROSINEN-PICKEREI

DAS SPIEL:

Damit die Bohnen noch gekocht und gegessen werden können, wascht euch vor dem Spiel die Hände. Stellt eine große Schale getrockneter weißer Bohnen vor euch hin und mischt eine kleine Rosine unter. Eines der Kinder versucht nun die Rosine mit den Fingern in den Bohnen zu ertasten und herauszuholen. Es wird eine neue Rosine unter die Bohnen gemischt und das nächste Kind muss nun die Rosine „picken".

Variante: Holt die Rosine mit einer Würstchenzange heraus.

Erschwerte Variante: Schließt die Augen, wenn ihr mit der Hand nach der Rosine tastet.

Leckere Variante: Legt statt einer Rosine eine Schokolinse ins Bohnenbad.

DAS BRAUCHT IHR:

- Eine Schale voller weißer getrockneter Bohnen
- Eine Handvoll Rosinen
- Eine Würstchenzange

DAS WIRD GEFÖRDERT:

Feinmotorik, taktile Wahrnehmung, Konzentration, Aufmerksamkeit, Tastsinn, Geschmackssinn, Vorstellungskraft

LUSTIGER LAPPEN-LAUF

DAS BRAUCHT IHR:

Beliebige trockene Lappen, z. B. Aufnehmer, flauschige Putzlappen

Einen glatten Fußboden (Fliese, Parkett, Linoleum)

DAS SPIEL:

Dieses Spiel kann nur in Räumen mit glatten Fußböden gespielt werden. Jedes Kind bekommt zwei Lappen und stellt jeweils einen Fuß auf einen ausgebreiteten Lappen. Nun versucht gemeinsam kreuz und quer durch den Raum zu „rutschen", indem ihr die Füße sozusagen mitsamt Lappen über den glatten Boden schiebt. Nach den ersten Versuchen verteilt ihr kleine Gegenstände in den Räumen, die nun im „Lappenlauf" in eine bestimmte Ecke transportiert werden müssen. Die Hände bleiben oben. **Variante:** Baut aus kleinen Gegenständen Hindernisse auf, um die vorsichtig herumgerutscht werden muss. Die Dinge dürfen dabei nicht berührt werden.

DAS WIRD GEFÖRDERT:

Körperbeherrschung, Geschicklichkeit, Gleichgewichtssinn, Konzentration, Bewegungsfreude, Zielstrebigkeit, Selbstvertrauen

HAU DRAUF WURFMASCHINE

DAS SPIEL:

Befestigt unter der rechteckigen Pappe mit Klebeband einen Korken. Er muss parallel im oberen Drittel mittig angeklebt sein. Dann dreht die Pappe um und ihr habt eine Wurfmaschine. Auf dem Boden liegen die Kronkorken. Jeweils einer wird aufs Brettchen gelegt und durch Draufhauen durchs Zimmer geschossen. Jeder kommt dran. Welcher Kronkorken fliegt am weitesten? **Variante:** Malt 1–3 Punkte unter die Kronkorken. Fallen die Korken so, dass die Punkte sichtbar sind, werden sie zusammengezählt. Wer ergattert die meisten Punkte? Wie viele Punkte erreichen wir als Gruppe, wenn wir alle zusammenzählen?

DAS BRAUCHT IHR:

- Ein Stückchen feste Pappe (Rechteck)
- 1 Korken
- Kreppklebeband
- 10 – 20 Kronkorken
- Papier und Stift

DAS WIRD GEFÖRDERT:

Konzentration, Zählen und Zusammenzählen, Geschicklichkeit, Aufmerksamkeit, Experimentierfreude, Freude am Herstellen von Spielzeug, gesunder Ehrgeiz, Gemeinschaftsgefühl

BÖHNCHEN WERFEN

DAS BRAUCHT IHR:

- Eine Tüte getrocknete rote Bohnen
- Eine weiße Bohnen für jedes Kind
- Ein Eiertablett oder mehrere Eierkartons
- Eine Eieruhr

DAS SPIEL:

Legt in jede Mulde des Eiertabletts eine rote Bohne und stellt das Tablett mit den Bohnen dann ein wenig entfernt auf den Boden. Nun geht es darum, möglichst viele rote Bohnen zu kassieren. Eines der Kinder beginnt: Gelingt es dem Kind eine weiße Bohne in eine Mulde zu treffen? Dann gehört ihm die rote Bohne, die darin liegt. Es wird keine neue nachgelegt. Nun werfen die Kinder ihre Bohnen im Wechsel. Das Spiel endet, wenn mindestens 11 rote Böhnchen getroffen und herausgenommen wurden. Wir zählen unsere Beute, wie viele Böhnchen haben wir zusammen ergattert? **Entspannte Variante:** Das Spiel endet nach 5 Minuten. Wie viele Böhnchen haben wir in dieser Zeit zusammen erbeutet?

DAS WIRD GEFÖRDERT:

Vorstellungskraft, Konzentration, mathematisches Grundverständnis, das Zählen, Ausdauer, Wurftechnik, Augen-Hand-Koordination, Zusammengehörigkeitsgefühl, Geschicklichkeit, Selbstvertrauen

KNETE KNETEN

DAS REZEPT:

Mehl und Salz werden abgewogen und vermengt. Gieß vorsichtig das kochende Wasser hinzu und verrühre die Masse mit einem Holzlöffel, dann mit einem Mixer. Nach etwas Abkühlung kommt das Öl und die Zitronensäure hinzu, und dann könnt ihr gemeinsam alles kräftig durchkneten. Mit Lebensmittelfarbe kann die Knete eingefärbt werden. Dann geht der Knetespaß los. Zur Aufbewahrung die Knete zur Kugel formen und in eine verschließbare Plastikdose geben. **Variante:** Ein weiteres Rezept Knete wird als Geschenk für eine andere Kindergruppe angefertigt. Sie kommt in einen schönen Behälter und wird als Überraschung überreicht.

DAS BRAUCHT IHR:

- 800 g Mehl
- 400 g Salz
- 1 Liter kochendes Wasser
- 5 EL Öl
- Lebensmittelfarbe
- 2 Tütchen Zitronensäure (aus dem Regal Backzutaten)

DAS WIRD GEFÖRDERT:

Phantasie und Kreativität, Feinmotorik, taktile Wahrnehmung, Selbstständigkeit, Freude daran selbst etwas herzustellen, Empathie, Freude am Schenken

EIN TABLETT VOLLER GERÄUSCHE

DAS BRAUCHT IHR:

- Ein Tablett
- Dinge, mit denen man Geräusche erzeugen kann
- Tuch zum Verbinden der Augen

DAS SPIEL:

Stellt Dinge auf ein Tablett, mit denen man Geräusche erzeugen kann. Beispiele: mit Butterbrotpapier knistern, mit dem Kugelschreiber klicken, Wasser von einem Glas ins andere füllen, 2 Teelöffel aneinanderschlagen, 2 Holzlöffel aneinanderschlagen, mit der Schere schnipsen etc. Nun wird das Tablett hinter einen Raumteiler gestellt. Ein Kind setzt sich zum Tablett und erzeugt Geräusche, die von der Gruppe erraten werden müssen. **Variante:** Es werden 2 Tabletts identisch bestückt und hinter verschiedene Raumteiler gestellt. Die Kinder bilden 2 Gruppen und setzen sich hinzu. Im Wechsel werden Geräusche erzeugt. Die jeweils andere Gruppe hört genau hin und antwortet mit dem gleichen Geräusch, bevor es sich ein neues ausdenkt.

DAS WIRD GEFÖRDERT:

Konzentration, genaues Hinhören, Aufmerksamkeit, Vorstellungskraft, Sprachentwicklung, Gemeinschaftsgefühl, Phantasie, Wahrnehmung

BLINDENAUSFLUG DURCH DIE KITA

DAS SPIEL:

Was ist das für ein Gefühl im stockdunklen Raum unterwegs zu sein? Möchtet ihr das mal erleben? Einem Kind werden die Augen verbunden. Nun wird es von einem ausgewählten Kind (Freund/Freundin) an die Hand genommen und langsam durch die Räume geführt und begleitet. Alle Kinder, die möchten kommen natürlich mit. Das „Begleitkind" bleibt irgendwo stehen und lässt das Kind erraten, wo es sich nun befindet. Es spricht diesen Spruch:

„Stoppi, stoppi, wir bleiben stehn, ich möchte nicht mehr weitergehen. Nun rate mal geschwind, 1, 2, 3 wo wir jetzt sind?"

Anschließend kommt das nächste Kind dran und wird vom Freund „blind" durch die Räume geführt. **Variante:** Es dürfen während des Spaziergangs Gegenstände mit den Händen ertastet werden.

DAS BRAUCHT IHR:

Tuch zum Verbinden der Augen

DAS WIRD GEFÖRDERT:

Vorstellungskraft, Konzentration, Raumverständnis, Orientierungssinn, Aufmerksamkeit, Tastsinn, Freude am Erfolgserlebnis, Selbstvertrauen, Vertrauen in andere, Verantwortungsbewusstsein

„Spiel ist die höchste Form der Kindesentwicklung.“

Friedrich Fröbel

PLATZ FÜR EIGENE SPIELIDEEN

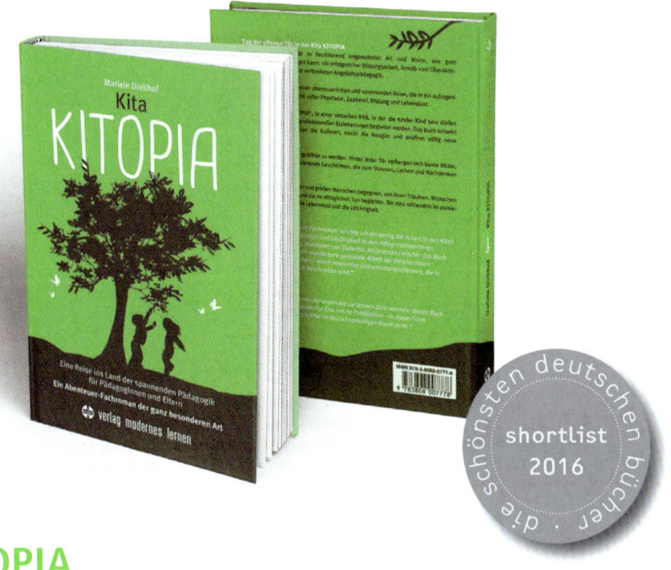

Mariele Diekhof

Kita KITOPIA

Eine Reise ins Land der spannenden Pädagogik für PädagogInnen und Eltern
Ein Abenteuer-Fachroman der ganz besonderen Art

Dieses Buch beschreibt in faszinierend ungewohnter Art und Weise, wie gute Pädagogik in Kitas gelingen kann: mit erfolgreicher Bildungsarbeit, fernab vom Überaktionismus und der allgemein verbreiteten Angebotspädagogik. Es ist eine Einladung zu einer abenteuerlichen und spannenden Reise, die in ein aufregendes Land führt, in ein Land voller Phantasie, Zauberei, Bildung und Lebenslust. Alles spielt in der „KITOPIA", in einer virtuellen Kita, in der die Kinder Kind sein dürfen und von herzlichen und professionellen ErzieherInnen begleitet werden. Das Buch schenkt unzählige Einblicke hinter die Kulissen, weckt die Neugier und eröffnet völlig neue Denkansätze. 24 Türen warten darauf geöffnet zu werden: Hinter jeder Tür verbergen sich bunte Bilder, Begegnungen und inspirierende Geschichten, die zum Staunen, Lachen und Nachdenken anregen. Die Leser werden kleinen und großen Menschen begegnen, von ihren Träumen, Wünschen und Visionen erfahren und sie im alltäglichen Tun begleiten. Sie sind mittendrin im pulsierenden Alltag, spüren die Lebenslust und die Leichtigkeit.

(2016 in der Shortlist der Stiftung Buchkunst, als eines der schönsten Bücher Deutschlands.)

„Freiheit, Abenteuer, Lebenslust statt Förderwahn und Leistungsfrust! Es gibt noch viele interessante Ideen in dem Buch, z.B.: Die Tür zum Büro der Leitung, Die Tür zur Kinderkonferenz, Die Tür zur Eltern-Klön-Ecke.Ich bin so begeistert von diesem Konzept, dass ich jedem nur empfehlen kann, das Buch zu lesen und zu spüren, wie viel Leichtigkeit und Spaß die Arbeit in einem Kindergarten beinhalten kann." Britta Fichert, Theraplay – Schwierige Kinder Journal

„Es ist wohltuend, in der aktuellen Menge frühpädagogischer Literatur genau dieses Buch in den Händen zu halten. Es theoretisiert nicht herum, konzentriert sich von Anfang an auf die Praxis, folgt keinen dogmatischen Pädagogiktrends, läuft keiner bildungspolitischen Strömung hinterher und bringt stets das Wesentliche, ohne Umschweife, auf den Punkt." Dr. Armin Krenz, KiTa aktuell

3. Aufl. 2018, 320 S., zweifarbig, Format 16 × 23cm, Klappenbroschur

ISBN 978-3-8080-0777-8 | Bestell-Nr. 1264 | 26,95 Euro

verlag modernes lernen

Schleefstraße 14, D-44287 Dortmund
Telefon 02 31 12 80 08, Fax 02 31 12 56
E-Mail: info@verlag-modernes-lernen.
Leseproben und Bestellen im Internet:
www.verlag-modernes-lernen.de